창연시선 013

시작이 반이다

김명이 시집

창연

창연시선 013

시작이 반이다

□ 시인의 말

내 분신들의 민낯을 선보이며

40여 년 구석구석을 찾아 훑고 헤매던 바다 일을 접은 뒤에 늦깎이로 경남대학교 평생교육원 시창작 배움 과정에 첫발을 디딘 게 2001년 가을이었다. 그렇게 문학의 길에 들어선 지 스무 해가 훌쩍 흘렀다. 그동안 나름 최선을 다해 매진해 온 결실들을 정리해 몇 차례 책으로 펴내기도 했다. 하지만 설익어 부족한 아람들을 외람되게 선보이는 만용을 부린 것 같아 자성自省을 하기도 했다. 그럼에도 또다시 시집을 발간하기로 했다. 책으로 꾸며질 작품들은 예나 지금이나 어쭙잖은 내용일지라도 진솔한 나의 혼과 얼을 오롯이 응축된 분신들이다.

책의 얼굴에 늦깎이로 문학의 길에 들어서던 초심의 결기를 되새기는 뜻으로 "시작이 반이다"라는 이름을 새기기로 했다. 비록 덜 익어 부족함에도 굳이 책을 펴내려는 단안을 내린 것은 갑신생甲申生으로 올해 일흔여덟에 접어든다. 흔히들 이 정도의 나이를 늙지도 젊지도 않은 애매한 나이라고 한다. 하지만 "황반변성"으로 날이 갈수록 시력이 약화되고 기억력이 떨어져서 마음이 바빠지는 탓에 서둘러 정리하고 싶었다. 이 같은 심리적인 압박 때문에 좀 더 다듬고 숙성시킨 뒤에 선을 보여도 좋으련만 마냥 느긋할 수 없어 마지막이려니 하는 심정에서 내린 결단이다.

어린 시절 처참한 6.25 전쟁을 겪으며 성장하면서 가난의 굴레를 벗어나지 못하고 배움 또한 초등 3년 여름에 배움을 접어야 했던 질곡의 세월을 겪었다. 그런 때문에 어쩌면 천 길 낭떠러지 바위틈에 외로이 피어난 한 송이 야생화처럼 온갖 어려움을 온몸으로 견뎌내는 서러운 세월을 보내기도 했다. 거역할 수 없는 열악한 환경 때문에 서러운 삶에 아등바등 목을 매다가 이순耳順의 턱밑에 이를 무렵에 대학교 평생교육원에 문을 두드리며 문학과 사랑에 빠져들기 시작했는데 어언 강산이 두 번 변할 만큼 세월이 흘렀다. 제대로 된 학교 교육을 받은 이들의 입장에서는 보잘 것 없는 내 이력이 초라하리라. 하지만 그동안 보람되고 행복했으며 고민하며 얻었던 아람들 하나하나가 옥동자처럼 귀하게 여겨진다.

 이번에 세상에 선보이는 『시작이 반이다』라는 시집 역시 흠결 투성이리라. 그래도 험난한 세상을 치열하게 살아온 배움이 짧은 할머니에 황혼의 노래이며 진솔한 삶의 적바림이며 발자취라는 의미로 받아 주시면 더할 수 없이 고맙겠다. 남들의 눈에는 하찮을지 몰라도 내겐 신축년을 맞으며 그동안의 결실을 매만지며 정리하고 갈래짓는 과정이 크나큰 보람이며 행복이다.

신축년辛丑年 7월 광암에서 김명이

차례

시인의 말

1부_도전장을 내민 첫날밤

바다와 하늘의 포옹 • 13
산책 • 14
바다는 불바다 되고 • 16
해일 • 18
도전장을 내민 첫날 밤 • 20
어부의 밤 풍경 • 22
바닷속 내 일기장 • 24
파란만장 • 25
별빛이 옷깃 속으로 • 26
등대로 가는 길 • 28
저 별은 내 가슴에 • 29
매미 타고 온 해일에 • 30
꽃샘추위 • 31
벽화 • 32
여선장 • 33
미더덕 • 34
상족 바다 • 36
푸른 눈은 내리고 • 38
봄이 오면 • 39
시작이 반이다 • 40
겨울 바다 • 41
새벽 종소리 • 42

2부_인심은 조석변이더라

저녁놀에 취하다 • 45
입덧 • 46
적석산에서 • 47
봄날 • 48
기분 좋은 날 • 49
마음 가는 대로 살았으면 • 50
그때가 그립네 • 51
벚꽃놀이 • 52
어느 봄날에 • 53
운주사 석모石母 • 54
반란 • 55
바람 • 56
인심은 조석변이더라 • 57
내일은 맑음 • 58
은하수 • 59
아름다운 환청 • 60
봄이 오는 소리 • 61
차 한 잔의 여유 • 62
머위잎 편지 • 63
만날제 • 64
바구가 없다 • 66
인동초 • 68

3부_배움의 터전 진동초등학교

업둥이 • 71
진동초등학교 • 72
유년의 고향 바다 • 74
내 고향 진동 • 76
개교 백 주년 기념행사 축시 • 78
졸업 50주년 기념 나들이에서 • 80
오늘만이 내 날 일세 • 82
세상은 요지경 • 83
운명 • 84
인연 • 86
얼굴 없는 인연 • 87
그리운 추억 • 88
맹종죽 테마파크에서 • 89
보고 싶어 • 90
봉명산 고사목 • 91
세모歲暮의 허허로움 • 92
포로와 밀실 • 93
내안에 당신 • 94
순천만의 군무 • 95
술친구 하나라도 • 96
기다림의 외출 • 97

4부_보름달만 같아라

광암廣岩 • 101
타향살이 • 102
한평생 • 105
황혼 • 106
억새의 유혹 • 107
보름달만 같아라 • 108
폐왕성 • 109
만선 • 110
겨울 금오산 • 111
해송 • 112
걸어 넘은 군사 분계선 • 113
첫사랑 • 114
무병장수 • 115
구절초 사랑 • 116
무진정 • 117
농월가 • 118
하회마을 • 119
달빛에 우는 낙화암 • 120
영정사진 • 121
봄소식 • 122

■ 해설
절반의 시작을 넘어 당당하게 나아가다 • 123
　　　　　　　　　마경덕(시인)

1부

도전장을 내민 첫날밤

바다와 하늘의 포옹

무겁게 하늘이 내려앉던 날
길을 잃은 갈매기 무리
떨리는 날갯짓이 애처롭구나

작은 어선과
떠다니는 섬들도 꿀꺽꿀꺽 삼켜버렸는가

둥둥 떠돌던 섬들은
보이지 않고
시무룩한 바다를
하늘은 가볍게 포옹하는 걸까

바람이 분다
마파람이 숨 가쁘게 달려와
구름은 연기처럼 흩어지고
이내 바다도 하늘도
회색의 천지 서로를 감싸 안고
하나가 되었다

*마파람 : 뱃사람들의 은어로서 '남풍'을 이르는 말.

산책

구름 한 점 없는 상쾌한 아침

폐선 한 척이 나의 발길을 붙잡는다
가던 길 멈추고
태풍 링링에 휩쓸려
갯가까지 떠밀려 온 처참한 모습을 바라본다
어디서 예까지 밀려왔을까

부부가 같이 타던 배였을까
피붙이 같은 배를 살려보려고
애간장 태우며 발버둥 쳤을 모습이
눈앞에 선하다

파도에 너덜너덜 살점이 찢기고
뼈대만 앙상한 빈 배 안에서
내외간의 정다운 웃음도

애간장 녹을 듯한 울음도
흥겨운 뱃노래까지도 환청으로 들린다

갑판 위에 팔딱거릴 고기는 밀어내고
선체 안에 전리품인 양 온갖 잡동사니 다 끌어다

가득 채워 놓은 태풍의 흔적

만선을 꿈꾸며 평화로웠던 그림 한 장만
내 눈앞에 주마등처럼 스쳐간다

바다는 불바다 되고

새벽 3시
캄캄한 바다에
사나운 불길이 치솟았다
부둣가 수협 건물 앞
육지도 아닌 바다에서
펑, 펑, 펑,
연이은 폭발음
온 동네가 발칵 뒤집힌
기관실 기름 탱크 터지는 소리

물과 기름은 섞이지 않아
기름은 물 위에서 타고 있었다
소방차 사이렌 소리
119 구급대원들 발 빠르게 달려오고
용광로 같은 불길 속을
목숨 걸고 뛰어드는 소방대원들
위험도 불사하는 용감한 그 행동에 반해
내 손자도 대학 소방과에 지원했다

불길은 이 배에서 저 배로
불화살 되어 휙휙 날아
손쓸 겨를도 없이

삽시간에 번졌다
바다마저 집어삼킨 불바다

알아볼 수 없는 배들의 형체는 참혹했다
수억의 재산을 삼켜버린 화마
다행히 인명 피해는 없었지만
크고 작은 7척의 선주들
타버린 흉측한 배처럼
처절한 몸부림이 바닥에 뒹굴었다

해일

하늘이 호령할 때
매미 날개 달고 날아온 해일
침을 뚝뚝 흘리며
큰 배 한 척을 꺽꺽 씹어 뱉는다

우지직 덜커덩 쿵쾅
옆구리 터진 배가 곤두박질이다

배들은 눈물 어린 등불을 켜지만
희망의 불도 파도의 칼날에 쓰러지고
쾅, 쾅, 두어 번 비명과 함께 어둠에 묻힌다

파도는 독사의 혀처럼 문틈을 비집고 밀려들고
차량도 라이트를 켠 채
힘없이 빙글빙글 파도 따라 춤을 춘다

섬이 된 집 한 채
가슴이 터지는 비명소리 담벼락을 타고 올라
지갑을 입에 문 충혈된 눈빛들

검은 밤을 하얗게 뜬눈으로 밀어내고
마당은 가전제품이 다 모인 만물상회다

＜
간밤에 길 잃은 할머니
손자가 할매를 부르는 소리에도 대답은 없다

도전장 내민 첫날 밤

스물네 살 새색시가
물결이 높이 설레는 링 위에서
사투를 겨룰
사공이란 초급 벨트에 도전장을 내민다
속이 메스꺼울 만큼 몸이 흔들리고
밤은 깊어 삼경인데 어둠 속에
떠밀리지 않으려 닻을 내리는
풍덩 소리에 누군가 다가서는 듯하다

달님이 지켜주는 헛기침에
놀란 별들이 쏟아져
무서움이 왈칵
머리끝이 쭈뼛쭈뼛
망망대해 아무도 없는데
두 눈은 말똥말똥
몽둥이와 칼 하나 곁에 놓고
치마를 머리까지 뒤집어쓴다

불안과 공포감이 교차하는 순간
사지가 오그라든다
밤이 새도록 엎치락뒤치락
작은 어선과 나

둘만의 첫날밤은 그렇게
단 한 번의 정사에 이르지 못한 채
드디어 동녘이 밝아온다

어부의 밤 풍경

바람에 배가 밀린다
여자는 떠밀리지 않으려고 노를 저어 보지만
남편의 벽력 같은 고함소리 연이어
밀대가 휙 날고
뱃전은 피 냄새를 킁킁 맡아본다

사내의 손에 감아쥔 머리카락 그림자가
바닷속의 너풀거리는 해초와 겹쳐지는데
뱃전 구석에 처박힌
여자의 일그러진 얼굴을 바다가 출렁거려 비틀고

시끄러운 기계 소리로
여자의 앙탈은 들리지 않고
쥐어뜯긴 산발한 머릿속에
울분만이 가득 찬 채로
미친 듯이 통발을 끌어올린다

통발 하나 뱃전에 확 패대기치자
와르르 쏟아지는 장어들
구석진 곳을 찾아 둘둘 꼬아 감는 모습은
마치, 남녀가 음침한 곳에 뒤엉킨 그것과 흡사하다

＜
어부의 분노를 삽시간에 다 먹어 치운 장어
여보, 빨리 잡아요 빨리
아, 저기 저 구멍으로 다 빠져가네
금방 둘은 한마음 되어
바삐 움직이는 겹쳐진 둘의 손놀림 끝에
막내의 쉬 마려운 고추처럼
힘차게 빠져나가는 장어 머리

어부들은 어제가 오늘인 듯 또 하룻밤은 그렇게 가고

바닷속 내 일기장

바다의 가슴에 얼굴을 묻고
오늘은 멀리 떠나보고 싶구나
거친 파도 속에 기록해 둔
내 일기장 찾아줄 누구 없을까

물까마귀야
넌 알고 있지 내 마음
파도 자락 들추면
묻혀 있는 숱한 사연들
깊이 묻어 두었던 아픈 기억들이
마치 탁구공처럼 톡톡 튀어 오른다
젊은 날의 초상화가
물을 마시고
물이 바다에 **빠진** 달을 마시고
달이 추억을 마시던 지난 세월

버겁던 삶이라도 좋다
찢어진 파도에 휘감기고
한숨을 비벼 딸꾹질로 달래던
갈매기 날개 끝에 매달린 푸른 날들

파도 밑에 기어 다닐
그리운 젊음의 그 한때를 꺼내 줄 누구 없을까

파란만장

바다 물살을 타고
콩이야 팥이야 주절거리던 푸념
바다는 다 듣고도

어부들이 쏟아내는 숱한 역정을
그냥 모르는 체 출렁일 게다

소란해서 귀를 막았을지도 모를 일
물살을 타고 둥둥 떠도는 언어들
다 주워 담기에 버거웠을까

더는 감당치 못해 고깃배 따라와
날이 새기 바쁘게
하품하듯 입을 벌려 방울방울 내뱉는다

바다가 뱉어 놓은 언어들
갯바위에 부딪쳐 잠든 해초를 깨우고
파도 타는 파란만장이
더러는 햇살 따라 번져
마치
뜬 고기처럼 살아 고물고물
허기져 언어를 쪼아 먹은 목쉰 갈매기
오늘도 목울대에 피멍이 든다

별빛이 옷깃 속으로

먼동이 채 눈뜨기 전
발등에 장화를 끼어넣고
어둠과 어깨동무하며
현관문을 나선다

수정보다 맑은 새벽하늘
별들은 다투어 쏟아져
옷깃 속으로 숨어드는데

잔잔한 바다 위로 빛 잃은
그믐달이 기울어 목을 축이고
고깃배의 엔진 소리
미끄러지듯 물보라를 가르면
여선장은 다소곳이 일상에 파묻힌다

미더덕을 가득 싣고 돌아오는 항해 길
한발 먼저 달려온 물안개
자욱이 피어올라
만선의 축제 준비에 부산하다

미역처럼 풀어진 몸
안갯속에 묻고

언제나 그랬듯이
여인은 땀에 젖은 눈으로
앞산이 해산하는
아침 해를 바라본다

등대로 가는 길

하얀 물방울 뒤엉킨
빨간 등대 길을 따라
저만치 홀로 걷는 너

꿈틀거리는 거친 몸부림
살아있음에 아파해야 하는
마침내 하얀 포말로 꽃 피운 파도 앞에
수백 번 몸 뒤척이며 혼을 맡긴다

시간의 흐름도 잊은 채
겨울 부둣가에서
누군가 빈 마음 밝은 빛으로 채워준들
그것은 한순간의 갈증 같은 것

세상이 모두 잠든 이 밤
그리움에 목마름 적시고 싶어
잠든 바다를 이고
붉게 열린 길 따라 마냥 걷고 있다

저 별은 내 가슴에

언제부터인가
하늘의 별을 보면
이야기하는 버릇이 생겼다

누구라도 붙들고
마음을 열고 싶은데
내 곁에 아무도 없어
별을 보고 속삭일 뿐이다

그 이름을 불러보지만
대답 없는 그 사람
생각하면
눈가에 무지개 서려
눈을 감아버렸다

기억 저편의 한순간도
다시 올 수 없고
만날 수 없는 것을
나는 잊었을까

매미 타고 온 해일에

안마당이 바다가 되고 장독들은 배가되어
된장 간장
마당 한 켠에 풀어놓고
저 혼자 유람하다 꽃섬에 닻을 내렸다

희망의 파랑 촛불 안방에 밝혔더니
항아리 담긴 소금 문지방에 쏟아놓고
물 한 독 가득 싣고 안방에 좌정하네

경유 드럼통 덩달아 눌러앉아
주인인 양 거들먹거리고
텔레비전 냉장고는 냄새가 역겨워
선창가로 줄행랑치고
고추장 태운 나룻배
파도의 칼날에 산산이 부서지고…

꽃샘추위

눈보라 속에도 굴하지 않고
투박한 모습으로
울퉁불퉁 주먹코 달고 섰더니

물오른 사월
화사한 보랏빛으로 다가와
내 마음 흔들어 놓는 너는 누구냐

도도한 네 자존심도 끝내
나비와 사랑에 빠지고
한들한들 흔드는 꼬리에 걸린
바람마저 간질여 깔깔 자지러지는 오후

겨우내 할 일 없어 백수이더니
화려하게 변신하는 순간
네 이름 등꽃이었나

방긋 웃는 얼굴을 할퀴는 꽃샘바람
시새움에 몸을 떨게 하는
너는 또 누구인가

벽화
– 수협 벽면에 벽화를 보다가

나른한 오후
축 처진 마음이 마실을 가다가
한곳에 우뚝 선 채
어!
동그랗게 눈을 떴다

늘 푸른 바탕에
백 갈매기 호위병 삼아
붉은 도미가 하늘을 날다
무엇이 저리도 기쁠까
삐뚤어진 저 입

동그란 눈에 크게 벌린 입
소리치고 웃는다
나도 웃는다
아! 예쁘다

보면 볼수록 귀여운
도미야
깜찍한 네 유혹에 나도 윙크를 보낸다

여선장

험한 파도 넘나들며
갈매기 벗 삼아
거친 세상 바람과 싸우며
물결처럼 살았네

오동지 설한풍에 손 시려 호호 불며
너울에 몸을 맡긴
고기잡이 사십 년
파도가 지어준
옷 한 벌 사시사철 입었네

저 바다 육지 삼아
똑딱선 배를 타고
바다 일 천직으로 여기며
바다로 출근했네
바다를 누비던 간 큰 여선장
그 시절 언제 돌아올까

꿈 많은 청춘 그때 그 시절이

미더덕

여보게, 내 말 좀 들어 보시게나
난 말일세, 생각해 보니 너무 억울해
그 물 좋은 해역에서
밀물 썰물 다 맛보며 세상 편하게 살다가
어느 날 나는 원하지도 않았는데
그만 세상 밖으로 나와
세척기 속에서 정신을 잃었다네

얼떨결에 정신이 드는 순간 영하 30도
몸은 벌써 굳어져 있었다네
세월이 얼마나 흘렀는지 난 몰라
정신이 들어 살펴보니 글쎄
내가 짠물에 푹, 빠져있더군
몸부림을 치고 정신을 차리려도
모두 헛일이었어
내 몸은 쭈글쭈글
아무 힘도 쓸 수 없었다네

젊은 새댁이 세척기에다 날?
세척기는 사정없이 돌아가고
눈알이 뱅뱅 돌아
한참 뒤 정신을 차려보니

만질수록 탱탱해지는 나를
젊은 여자가 칼끝으로 돌돌 돌리며
내 옷을 무섭게 벗기더군
머리만 남긴 채 누드로 홀딱
나도, 새댁도 부끄러워 얼굴을 붉혔다네

상족 바다

상족암床足巖에는
푸른 소나무 아래
파도가 빼곡히 꽂아 놓은
책장이 있다

책갈피 사이사이
물새가 놀러와
사인해 놓고 가면
바다는 쉬지 않고 사연을 적는다

파도가 수차례
사납게 으르렁거리다
다가설 엄두도 못 내고
아름다운 하얀 꽃망울만
잔뜩 피워놓고

풍광이 너무 좋아
멀리서 책갈피 사이사이
사연을 던져놓고 돌아가면
바다는 일일이 받아 적는다

*상족암床足巖 : 경상남도 고성군 하이면 덕명리 해안에 있으며, 군립공원으로 면적은 5,106k㎡에 이른다. 지형적으로 해식애海蝕崖에 해당하며, 파도에 깎인 해안 지형이 육지 쪽으로 들어가면서 해식애가 형성되어있다. 그 앞에 평탄하게 발달한 암반층이 파식대波蝕臺이다. 상족암 앞의 파식대에는 공룡 발자국이 선명하게 찍혀 있다. 한편 해식애 암벽은 시루떡처럼 겹겹이 층을 이루는 수성암水成岩인데, 그 생김새가 밥상다리를 닮았다고 하여 상족床足이라고도 한다.

푸른 눈은 내리고

창틀을 흔드는 기척 누굴까
배시시 열린 창밖을 보니
강풍을 동반한 눈이
미친 듯이 내린다

저들도 추위에 온돌방이 그리운지
비좁은 틈새로 밀고 들어온다
세상을 온통 하얗게 깡그리 덮어놓고
바다만 왜, 파란 눈이 내릴까

내리고 내려도
내리는 눈은 파랬다
푸른 눈이 제아무리 내려도
흔적 없이 다 먹어 치우는 바다

산간지방 영하 30도를 넘는 혹한의 4월
바다에 푸른 눈은 계속 내리고

*눈사태를 보면서

봄이 오면

뒷집 춘삼이는 어구들을 손질하고
돌이 네도 돌이를 선창가에 두고
그물 꿰매느라 부산한데

파도 자락 끝에
아직도 떠나지 못해
허둥대던 폭풍이
밤새 내린 봄비에
그만, 잠이 들었네

눈부신 아침 햇살
귓속말로 속닥속닥
포로롱 포롱 말아 올린 물방울
봄바람이 눌러 앉히고

온 바다에
은빛 지렁이 꿈틀거리네

시작이 반이다

시작이 반이란 말
헛말은 아니로세
가방끈 짧다 말고 배움길 나서보게
예순이
청춘이란 말
실감나는 세상일세

바다를 내 집으로
한 세월 살았더니
세월은 흘러가도 내 마음 소년이라
 파도야!
백 갈매기야!
아직은 청춘일세

갈매기 벗을 삼아
파도가 지어준 짠물내 나는 옷을 입고
바다를 육지처럼 너울에 몸 맡겼더니
물살이
수록한 시집
눈 감고도 읽겠네

겨울 바다

동지섣달 설한풍이
귀청을 울리는데
어민들 한숨 소리 한 수 더 높아지고
사공의 어깻죽지 움츠러들었네

여보시오, 뱃사공님
일어나 힘내시오
호수 같은 은빛 바다 그리워만 하지 말고
목청껏 가슴을 열고
봄을 힘껏 불러보구려

내일 또 내일이면
새봄이 찾아오고
얼어붙은 어부 가슴 눈 녹듯 풀어지리니
청잣빛 꽃샘바람에
숭어 꽁치 만나리라

새벽 종소리

이른 새벽
종소리가 포르르 날아와
저벅저벅 바닷가를 걷는다

선잠 깬 갈매기
푸드덕
두 눈 껌벅거리며
채 날지 못해 버둥거리고

빤짝 눈 뜬 바다
허리 굽힌 인사가
가슴에 꽂힌다

별들이 총총히 내려앉아
물놀이하다
출렁이는 한바탕 웃음

그 웃음의 끝자락에
싱그러운 아침이 둥지를 튼다

2부

인심은 조석변이더라

저녁놀에 취하다

해맑은 가을날, 서산에 지는 해는
바다를 붉게 물들이고
그 아름다운 바다가 사무치도록 그립구나
내 고향 괭이 바다 일몰
창포만의 저녁놀처럼
너나없이 겪을 노년이
저 햇무리처럼 아름다웠으면…

아침 해돋이의 찬란한 햇빛에
에너지를 얻는다면
저무는 노을의 햇살은
아늑한 여유로움으로 따뜻했다
서산마루 노을 같기를 바라며
평생 열성을 다해 살아왔지만
돌아보니 후회도 많구나

곱게 물든 가을 산처럼
늙어가기를 바란다면
인생의 황혼 녘
겨울나무처럼 비우는 법을 배우자
노년의 마지막 결실을 향해

사랑을 배우고 온정을 쏟는다면
저무는 노을은 해맑고 풍요로울 것이니

입덧

우수 경칩이 지났는데
폭설이 쏟아진
들녘에 시린 햇살 한 가닥
숨바꼭질인가
봄을 시샘하는 짓궂은 입덧인가

전국을 통째로 마비시킨
백 년 만에 찾아온
날카롭게 세운 발톱
내 안에 들리는 신음소리
심한 진통이 들녘을 흔들고 있는 것일까

산고의 진통에 피멍이 들지라도
이내 설화雪禍를 툭툭 털며
산수유 노란 꽃망울이 촘촘히 눈을 뜬다

적석산에서

자원봉사 단합대회
회원들이 한 몸 되어
잡아주고 끌어주며
정상을 향해 오른다

단풍으로 곱게 물든 산
정상에서 바라보는 풍광은
한 폭의 동양화다
내가 살아 있음을 실감한다

답답했던 가슴을 활짝 열었다
삶에 버거운 아우성
실타래처럼 꼬인 나날
이 산에 모두 묻어두고
봄눈 녹은 야산에 풀잎 돋듯
기어이 한 송이 꽃으로 피리라

희망으로 부푼 가슴
무지개로 피어나고
솔 내음 짙은 오솔길 따라
곱게 물든 단풍이 하산 길을 연다

*적석산積石山: 창원시 마산합포구 진전면에 위치한 산(497m)

봄날

따뜻한 봄날
기지개 켜는 개나리가 내 마음을 부추긴다
봄바람 앞세워 꽃구경이나 갈까

분분하게 날리는 꽃나비
사뿐 바람 줄기를 잡고 날아올라
엄마의 콧등에 앉아 애기처럼 재롱을 부리네

꽃나비가 아기인가
깔깔 웃는 아기가 꽃나비인가

뒤뚱뒤뚱 넘어질 듯한 조바심에
엄마의 가슴에 꽃비가 하르르 쏟아진다

기분 좋은 날

아침 산책길
우연히 눈길이 마주친 별 하나

구월 그믐 아침
제 몸이 실낱같아
솔가지에 감긴 눈썹달
푸르게 젖은 눈빛이 애처로워
가지 째 꺾어서 주머니에 담았다

길섶에
소곤소곤
미소 짓는 각시풀
방울방울 매듭 이슬
손자의 눈망울 마냥 반짝거리네

무심코 주머니에 손을 넣었다
꼼지락거리는 눈썹달
손안에 꿈틀

가슴에 파도가 일렁인다

마음 가는 대로 살았으면

먼 곳이 아니라도 좋다
아무 곳이라도
가고 싶은 곳 찾아가자

만나면 벗이고
정들면 새 친구가 되리

나 이제
바다를 떠나 살 수 있다면
은빛 찰랑거리는 바다를
바라보지 않아도 숨 쉴 수 있다면
허물없는 친구 만들어
한만閑漫하게 살고 싶다

나 이제 바다가 그리워지면
호숫가에 집을 지어
이른 아침 물안개 피는 산책로에
새들의 맑은 지저귐도 듣고
풀벌레 자장가로 잠들었으면

그때가 그립네

처음부터 졸졸 따라오던 봄볕은
남새밭 귀퉁이 민들레꽃에 반하여
그만 갈 길을 잃어버렸나
길바닥에 주저앉은 해가
아지랑이 아랑아랑 한낮을 달구었구나

장다리꽃 봄바람 일렁이고
흰나비 노랑나비
꽃가루 날리는
아지랑이 손뼉 치는 시골길
내 유년의 그때가 아직도 여기 있었네

샘물 긷다가 두레박이 샘돌에 걸려
풍덩 깊은 샘에 빠져 죽을 뻔도 했던 기억
뒷마당 샘물에
깊이 담가 둔 김치통
조심조심 끌어올려
시원한 물김치 한 사발!

찬 냉수 한 그릇에 간장 한 숟가락
일미 중 일미였지
가난한 그때가 그립네

벚꽃놀이

비 개인 뒷날
무작정 떠난 길
벚꽃이 고운 진해로 갔네

마음 맞는 길동무 둘, 셋
경화역에 내리니
거리는 인산인해
꽃비가 이리저리 눈꽃처럼 날렸네

눈발 같은 웃음꽃이
경화역 인파 속에
바람처럼 파고들어

사람들이 내뿜는 숨소리
뒤로하고 빠져나와
경화역 기차를 타고
삼포로 가는 노래비*를 만나러 갔네

*"삼포로 가는 길" 노래비碑

어느 봄날에

봄볕 나른한 오후
바다도 가물가물 졸고 있다
피아노 건반의 울림 같은
갈매기들의 합주곡에
꽃봉오리 벙글 듯 바다도 눈을 뜬다
휘우뚱 갈매기 날갯짓에
봄 바다에
사부작사부작 꽃이 핀다

찰랑찰랑 노 끝에 감기는
물소리 듣는다
김소월의 '못 잊어' 시집에
정신을 벗어놓은 채
'초혼'을 외우다
시간 가는 줄도 몰랐다

해는 서산으로
또 하루 저물어 가는데

운주사 석모石母

산 중에 우뚝 솟은 공사바위
덤덤한 모습
깊이 팬 운주사 골을
바라보는 천년 세월

자식을 바라본 어미의 심정일까
살점을 뚝뚝 도려내어
너희를 다듬어 세웠노라고
아픔과 고통이 승화되었노라고

이름 없이 흩어진 70기의 석불
12기의 석탑은 공사바위 아들딸
원형 탑 떡시루에 쪄낸 시루떡
그들을 먹이기에 부족했던가

옹기종기 대가족 이루지 못해
이 산 저 산 흩어져 허허로워라
섣달의 살 에이는 칼바람도
이마에 맺힌 땀방울로 데운다

*화순 운주사雲住寺 : 이 절의 산등성이 좌우에 천불千佛과 천탑千塔이 있었다고 이를 만큼 석탑과 석불이 많은 곳이다.

반란

열대야 현상일까
땅속이 부글부글 끓고 있는 걸까
아스팔트에 지렁이가
길바닥에서 개구리가
자동차 바퀴 자국으로 남는다

죽음을 무릅쓰고 나오는 지렁이 행렬
이 무슨 조화일까
길게 이어지고 찢어지고
생존의 반란일까
등 푸른 뱀까지 합세한다

이름 모를 풀꽃의 향기 짙은 아침
그들의 마지막 임종이라도 지켜주듯
벼 이삭도 고개 숙여 묵념하고
이슬 머금은 핑크빛 자귀 꽃이
슬픈 미소로 대신한다

미물들의 생명이나
우리네의 운명이나
한 치 앞을 모른다

바람

스무 해 등 기대고 정 붙인 애양원
핏줄도 문상객도 없이 떠나는
아흔두 살 김정이 할머니

영전에 국화꽃 한 송이 눈물로 전송하는
양로원 할머님들

천국 가서 다시 만나세
우리 다시 만나세

전송하는 찬송가 따라
수의壽衣 한 벌 걸치고
국화꽃 향기 맡으며 하늘 가는 길
어찌 저리 시린지

원장이 상주이고
국장이 문상객인가

울음을 잘라버린 하산 길
바람이 울고
허공이 대신 운다

인심은 조석변이더라

사랑했던 사람아
가슴에 구멍이 뻐엉 뚫렸구나
너와 나, 우리 하나인 줄 알았지
이토록 허탈한 심정을 그대는 아시는지
애간장이 타들어가듯 아프기만 한 것을

돌아서는 등이 더 시린
내 사랑했던 사람아
내 다시 기필코 일어서리라
너와 나 30년 세월을 되돌아보며
내 속에 깊은 상념의 진액을
뜨거운 커피 한 잔으로 서서히 녹여본다

세상인심 조석변이라지만
그대가 정녕 나를 버릴 수 있다니
세상이 온통 허망하고 적막하다
나의 분신 같은 사람아
우린 언제나 둘이 아닌 하나였지

다시 만날 날은 참으로 아득하네

* 2003년 3월

내일은 맑음
– 30년 지기를 보내면서

파도야!
가슴이 아리도록 쌓인
그리움 한 다발 던져 주마
네 품에 안고
찬란히 부서지는 별빛 따라
흘러 흘러라 파도야

아직도 버리지 못하는 미련
오늘만큼은 외로운 봇짐을 지고
차라리 바람으로 따라나설까
빙글빙글 춤을 추며
흘러 흘러라 파도야

비우고 또 비운 마음으로
내일의 찬란한 햇빛을 찾아
뛰고 또 뛰어서라도
그 길이 가시밭길 일지라도

은하수

어디에 있을까
어디로 갔을까

밤마다 우리는
쪽배 타고 은하수 건너
사랑놀이 하다가 시간 가는 줄 모르고
샛별한테 들켜서 개구멍에 숨었지

은하수야
네가 없으니 내 사랑도 없구나
한참을 너를 버려두고
삶이란 늪에서 흐느적거려 미안하다

어느 날 문득 사무치게 네가 보고 싶었다
그것은 내 사랑이 보고 싶은 까닭인지도 몰라
바닷가에서 너를 찾았다
애타게 불러도 보았다

길을 가다가 풀숲에 우뚝 서
네가 그리워 울었다
아무 데도 어느 곳에도 너는 없더구나
은하수야
너를 찾아야 내 사랑도 찾을 텐데
어디로 갔느냐
어디에 있느냐

아름다운 환청

스프링 힐 리조트에 별 알을 낳는 밤
코끝을 콕 찌르는 밀감 꽃 향기
바비큐에 비벼진 진한 흙냄새에
땀 흘리며 사셨던 아버지 목소리가 들린다

새들의 작은 주둥이로
청아한 숲의 노래
가지마다 앉은 삐죽삐죽 베베베
구구국 구국,
맑은 새소리에 귀가 맑아진다

낯설게 매달린 새큼한 맛
정체된 시간을 감당키 어려워
커다란 하귤夏橘 뚜껑을 열고
제주를 맛본다

특이한 사투리와 화석
비바리 망태 속 해산물
보랏빛 성게 샛노란 맛까지 담아
뚜껑을 덮었다

바늘 끝보다 날카로운 햇살로 시간을 꿰맨다

봄이 오는 소리

종종걸음으로 사립문 나설 때
코끝에 오는 싱그러운 바람
물씬 풍기는 봄 냄새
두리번두리번
텃밭 귀퉁이에 앉아 놀던 봄아

얼른 반가운 손 내밀었더니
배시시 웃는 앙증맞은 그 모습
아직 춥다고 어깨를 움츠리는구나

지난밤에 또닥또닥
빗소리 들리더니
나 모르게 찾아온 봄아

연둣빛 치마폭 두른 초롱꽃
두툼한 입술 내민 노랑 민들레
입을 곱게 다문 새색시 같은
그리운 봄의 발소리를 듣는다

차 한 잔의 여유

간밤 비바람에 초췌한 내 정원을
바삐 달려온 바람이
국화 향기를 일으켜 세운다

파르르 떨리는 가녀린 목소리
파리 날개보다 더 작은
노란 소국이 겁에 질려 떨고 있다

내 안에 감추려고
송이송이 따 담은 광주리에
질 고운 햇살 한 가닥 비집고 내려앉는데

누구와 따끈한 차 한 잔 생각이 나
지나가는 가을을 불러 앉힌다
가지 끝에 매달린 낙엽도 함께 하잔다

진한 국화차 한 모금 머금고
자근자근 음미할 때
향기에 취했을까
온몸에 소국이 만개했다

머위잎 편지

담양 메타세쿼이아
가로수 거리
개망초꽃 풋풋한 내음
밤꽃 향까지 덤으로 얹혀
하얀 햇살에 실어 보내면
그대는 알까
내가 보냈다는 것을

물레방아 흥겨운
들녘 카페에서
보리 이삭 한 움큼 주워
물소리, 새소리, 대숲의 바람 소리까지
구름 한 조각에 실어 보낸다

소쇄원에서 그리움 담아
갓 피어난 들꽃처럼
수줍은 마음으로
머위잎 따서 편지를 띄웠다

*소쇄원瀟灑園: 전라남도 담양군 가사문학면 지곡리에 있는 조선 시대의 정원

만날제*

첫사랑이란 이룰 수 없는
전설 같은 설렘이다
4H회 회장과 미화부장
하루도 빠짐없이 주고받던 편지
철없던 시절의 그 애틋함

만날 고개에 가면
그 사람을 만날 수 있을까
백발이 성성해 알아볼 수 있을까
사랑이 뭔지도 모르고 마냥 좋았던
그때 그 사람

길을 걸어도
일을 할 때도 그 사람 생각
혼자서 울고 웃었던 나의 짝사랑
만날제 행사장에도
그 사람은 만날 수 없었다

이슬비가 내리던 아련한 그 옛날
군 입영통지서 손에 들고
처음으로 마주잡은 그 손
왜, 그때 사랑한다 말도 못했을까

<
잘 있어라. 잘 가거라
마지막 인사인 줄도 몰랐다
60년 세월에 추억이란 글자만 남았구나

*만날제: 경상남도 창원시 마산합포구 월영동의 만날 고개와 만날 근린공원 일대에서 매년 추석 연휴에 개최하는 지역 민속 축제이다.

바구가 없다

광암에는 농바구가 있었다
강바구가 있었다
칠성 바구가 있었다
해수탕 바구가 있었다
그래서 강바구란다

광암에는 웃끝 바구가 있다
널석 바구가 있었다
청널 바구도 있었다
장에 갔다 오던 길에
애기를 바구 위에 낳았다
그래서 애기 이름이 바구란다

광암에는 바구가 없다
칠성 바구도 없다
널석 바구도 없다
늘석에 태어난 바구도 하늘 가고 없다
이제는 무엇이라 불러야 하나
광암 회 단지 속에 묻힌 자연 풍경
검은 골탕을 덧입고 높이 선 빌딩들

나 어릴 적 뛰놀던 강바구가 보고 싶다

먼 훗날 강바구를 뉘라서 기억할까

*바구: 바위의 방언.

인동초

길섶에
가시넝쿨 벗 삼아
그래도 자존심 하나로
어제도 오늘도 고개를 들고

외진 곳
찾는 이 하나 없는 산기슭에
행여
님 오실까

오늘도 촉수 하나 길게 뻗어
하염없이 임을 기다리네

그리움의 파편들은
정수리에 꽂히는데…

3부

배움의 터전 진동초등학교

업둥이

비 내리는 오후
외출에서 돌아와
대문을 막 들어서려는 순간
들릴 듯 말 듯 가느다란 울음소리
둘레둘레 주위를 돌아봐도
아무도 보이지 않고
발걸음 옮기려는데
애처롭고 가녀린 목소리

우리 집 막내둥이로
제일 사랑받는 업둥이
내 품에 잠자는 모습 너무 귀여워
아침에 눈 뜨면 온 식구가 부르는 이름
양이야 어디 있니?

입양되는 날 애기 주먹만 한
제대로 서지도 못하고
먹지도 못하던 양이가
입양 두 달째
재롱이 날로 늘어
집안에 분위기 확 바꿔놓았다
양이야 어디 있니?

야옹야옹 할머니 나 여기 있어요

배움의 터전 진동초등학교
- 역사관 시화

낙남정맥의 최고봉인 여항산에서 내려다보면
오대양에 이어진 진동만에는 괭이갈매기 날고
햇살이 찬란하게 빛나는
나의 모교 진동초등학교가 있다

세월이 격랑일 때는 조국의 반석이 되고
겨레가 어려울 때는 너와 나 기둥이 되어
8의사*와 3.1운동의 심지가 되어 불멸의 불을 밝히고
삼진의거대로에 자유와 민주의 새벽을 열던 곳
나의 모교 진동초등학교가 거기에 있다.

토끼와 거북이의 경주에 누가 이기는 줄을 배웠고
구구단을 외우면 맨발로 달리던 운동회는 1등이 아니어도
가진 것 웃음과 박수뿐인 부모님은 그렇게도 좋아하셨지
그 청백의 함성 소리 아들 손주 대를 잇고
교목은 느티나무 교화는 장미인 나의 모교 진동초등학교
세월 흐를수록 더욱 빛나는 진동초등학교가 내 곁에 있어
진동만의 파도처럼 나의 주름살도 은비늘로 반짝인다네

1908년 진명학교로 출발하여
해방을 맞는 1945년에 진동초등학교로 되었다지
이 교문을 드나들던 모든 선후배들에게 축복 있으라

바람 불면 꽃잎을 줍는 아이들처럼
배움의 1번지 진동초등학교를 나 영원히 사랑하노라

*8의사義士: 1919년 기미년에 전국적으로 전개되던 3.1운동 과정에서 진전·진북·진동 등의 3개면 주민들이 연합해서 일으킨 삼진의거三鎭義擧는 제암리 사건(수원), 선천읍 의거(평안도), 수안 의거(황해도) 등과 함께 기미년의 4대 독립항쟁으로 손꼽힌다. 이 삼진의거에서 30세에도 이르지 못했던 꽃다운 나이에 순국했던 지사들이 8의사로 추앙되었다.

유년의 고향 바다

외롭고 쓸쓸할 때
검은 책 보따리 어깨 걸치고
딸랑딸랑 필통 같은 기차를 타요

끝없는 수평선에
그림 같은 섬들이
하나 둘 안겨드는 광암 바다로 오세요

엄마 품이 그리울 땐
아기 갈매기
하얀 손수건 물고 오는
바닷물에 맨발을 담그고
해수욕장 모래밭을 걸어보세요
모래 묻어 젖은 발 닦아줄
넉넉하고 아늑한 엄마 손이 여기 있어요

파도는
동촌 대숲 바람 소리 연주하지요
도다리 같은 졸망졸망한 유년들이 보여요

수없이 밀려드는
푸른 파도 위를 우리 함께 걸어 보아요

바다는 풍성한 주안상 차려놓고 기다릴 거예요

꼬리연에 서러움을 날려 보냈던
아스라한 동심의 추억
갈매기 날개에 시詩 한 구절句節 걸어 놓고
온갖 근심 훌훌 털고 소리 내어 웃어보아요

검정 고무신에 무명치마
단아한 어머니의 넋이 살아 숨 쉬는 곳
천년이 흐른 먼 훗날에도
내 고향 광암을 지키는 갈매기로 남을래요

내 고향 진동

우산팔경牛山八景을 즐겨 노래한
옛 선조의 숨결이 살아있는 곳
봄이면 물안개 자욱이 피어오르고
잔잔한 바다 점점이 떠 있는 섬들
한 폭의 그림처럼
밀려왔다 밀려가는 저 괭이바다

석양 꽃이 벌어지는 여름날 저녁
은비늘 학꽁치 등 푸른 고등어 춤추는
옛 향기 가득한 내 고향 진동
염전이 얼면 맞을수록 기운찬 팽이처럼
신바람 난 코흘리개들

황새, 청둥오리, 쇠기러기, 재두루미
무리 지어 날던 평화로운 곳
기억마저 늘 푸르다
평생 몸담아 살아온 이곳
그리운 옛 고향 풍경 잊히지 않네

* 우산팔경牛山八景: 원래 진동 지역에 고려 공양왕 2년에 우산현牛山縣이 설치되었다가 조선의 태종 때(1414) 진해현鎭海縣으로 개칭되었다. 그 뒤 순조 때(1908) 창원군昌原郡으로 합병되었다. 그런데 우산현 시절에 진동 풍경을 읊은 시詩가 우산팔경이다. 이 시는 작가 미상이지만 오랜 세월 애송되며 전해진 이 지역의 귀중한 문화유산으로 지난 1999년 옛 진해현 동헌東軒 마당에 시비詩碑로 세워졌다.

개교 백 주년 기념행사 축시

진동초등학교 동문님이여
반백 년 세월 저편 일제 만행에
우리말, 우리글 다 빼앗기고
나라 없는 설움에 피눈물을 쏟았던 선배님들
진동초등학교 백 주년 기념행사 이 자리에
넋이라도 모시옵니다
지고지순 깊은 한을 푸옵소서

반백 년 넘어선 세월 저편
진동만 그 옛날에
무 배추 한 짐
자근자근 밟아 간 절여 씻어 올리고
간장 된장 담가 먹던
그 청정 해역은 다 어디로 떠났는지
동문들 이마 주름살에
오늘도 찾아본다

까까머리 단발머리 반백이 되어
그 향수에 젖는 동문들이여
괭이갈매기는 고향 소식 한 아름 물고
늘 푸르고 넓은 가슴으로
우리 사랑을 전한다네

＜
오늘 벅찬 가슴을 안고
개교 백 주년을 맞아 한자리에 모였으니
주름진 술잔을 들고 다 함께 지화자 부르세
사랑하는 진동초등학교 동문들이여
모교에서 마시는 낮술 한 잔
그대들 앞길에 영광 있으리

*개교 백 주년 기념 책자에 게재된 축시(2008년 봄)

졸업 50주년 기념 나들이에서

42회 동창생 고사리 손 맞잡고
해남 땅끝마을 찾던 날
오랜만에 만나 놀란 토끼 눈에
50년 세월이 스쳐간다

작년 이맘때
얼굴 마주대고
고라니처럼 뛰놀던
불러도 사라진 이름
그 가시나, 그 머스마
기억만 차돌처럼 단단하다

새장에 갇힌 새처럼
날지 못한 금순아
애기가 되어버린
지아비, 십자가가 무거워
관광버스 안에서 승무처럼
칼춤을 추는구나
네 가슴 풀릴 수만 있다면
오늘만은 원 없이 춤을 춰라

부산 백병원

중환자 대기실에 싸들고 온
십 년 전 그 맛난 도시락 그 사랑
내 가슴에 영원한 사랑의 자국으로 새겨져 있다
그때 그 사랑 잊지 않으마
금순아 미안해, 차마 나는 할 말이 없구나

오늘만이 내 날 일세
- 2013년 아리랑호텔의 고희연 기념 잔치 축시

산다는 것은 날마다 조금씩 깨달아가는 것
곱게 늙어간다는 것 새로운 이미지로 가꾸는 것
문득 떠오르는 그리운 얼굴들
보고 싶었다
멀리서 가까이서 모인 내 친구야
오늘같이 좋은 날 함박웃음으로 웃어보자

가을 오색 단풍이 곱듯이
가을 풍경같이 고운 친구를 만나는 만찬의 이 자리
지화자 좋구나, 춤이라도 덩실 추고 싶어라
아리랑, 아리랑 아리랑호텔에서
축배의 잔을 들었던 예순의 회갑 년이 어제 같은데
세월 한 번 빠르구나
십 년 세월이 훌쩍 고희를 넘겼네

우리는 바람에 날리듯 밀려가다가
내일 또 어느 곳에 걸려 넘어질지 모른다네
친구야 오늘만이 내 날일세
오늘에 만족하고 웃으면서 건강하게 살자
우리 다 함께 축배의 잔을 들면서

세상은 요지경

우리 집 안마당은 판도라 상자다
암탉, 수탉,
대가리 물고 뜯는 저놈의 달구새끼들

싸움닭이 따로 없구나
어디까지 파헤치고 헤쳐
어느 놈이 저 상자 안에 들어갈까

아수라장 요지경
그 속에 봉황 한 마리
이리저리 차이고 짓밟혀
결국 족보도 잃은 채
싸움닭으로 변해 간다

어허
누가 곁에 있어
봉황의 고운 깃털을 다듬어 줄꼬

농촌의 수탉으로 살고파 봉화로 이사를 했건만
촌닭으로도 살지 못해
제 머리 돌에 찍어 피 흘리고 말았네
봉황의 노란 깃털이 봉화 거리마다 펄럭이네

운명

나의 한 생이
흘러가는 구름인지 모른다
저 구름 흘러가다가
고기압에 부딪히면
구름은 형체도 없이 흩어지리라

변화무쌍한 나의 삶
기약 없이 가는 길에
언제 돌부리에 걸려 넘어지면
내 꿈은 산산조각이 날 것을

유유자적 내 젊은 날
소중했던 그 한때
내 가슴에 각인되어 있던 꿈
구름이 파란 하늘을 수놓듯
이 세상에 가진 것 없지만
차고 그늘진 곳을 찾아
아름다운 흔적을 남길 수 있다면

문학은 인생의 축소판
산다는 것은
어쩌면 판도라 상자일지도 모른다

내일 일을 모르는
운명이란 두 글자가 지배하지 않는가
나른한 봄볕이
문득 걸어온 발자취를 돌아보게 한다

인연

전생에 너와 나
무슨 인연이었을까
막노동 일을 해도 그 인심 넉넉하여
만나는
길손마다 가진 것 다 퍼주네

어쩌다 만난 인연
넘치게 받는 사랑
아들처럼 벗처럼 깊은 인연이려니
그 어머니
베풂을 보고 자란
그의 삶도 이웃 사랑 넘치네

천 평 텃밭에다
온갖 약초 심어놓고
아픈 사람 질병 따라 약초 달여 전해주고
제 몸은 상처투성이
돌아볼 줄 몰라 애달프구나

얼굴 없는 인연

한 생을 살다 보니
만남도 가지가지
옷깃만 스쳐도 인연이라 했거늘
온라인 전자댓글로
만난 인연 십오 년이 넘었구나

날마다 요일마다
전자댓글 안부로
눈 오면 눈 온다고
비가 오면 비 온다고
그날의
날씨에 맞는 영상편지 설레게 하네

아무리 흔하게 떠도는
카톡일지라도
일 년 365일
얼굴도 모르는 한결같이 심성이 곧은 사람
날씨 따라 봄꽃들을
하르르 안겨주니
화사한 안개꽃다발처럼 내 마음도 따라 피네

그리운 추억

오늘같이 봄비가 내리는 날이면
영아 보고 싶구나
우리의 짧은 사랑
짧은 만남은
얼마나 더 세월이 지나면 잊힐까

보고 싶은 마음 간절하나
너의 안부를 물어볼 용기가 없네
망설이고 또 망설이다
백지에 토해본다

장미꽃이 피를 토하는 5월이면
지난날이 주마등처럼 스치네
언제나 너의 손에는
붉은 장미꽃이 있었지
빙그레 미소 지으며 말없이 내미는
붉은 장미 한 송이

맹종죽 테마파크에서

맹종죽 레포츠 체험 속으로
빨려 들어가
나무 벤치에 앉아 하늘 보니
절로 마음이 힐링이 되어
아름다운 풍광에 마음이 녹는다

주변보다 온도가 4~5도 낮은 죽림욕장
쉴 새 없이 뿜어져 나오는
산소와 음이온 발생률 10배나 높아
혈액 순환에 자율신경 조절까지
스트레스 해소에 명약이라는 맹종죽

새 숨이 솟는 "숨 소슬"*
거제 맹종 죽림욕장
대나무로 만든 맹종죽 다리
지압을 받으며 맨발로 죽림욕장 걷는다

맹종죽 테마파크 캐릭터
바람의 연주에 대숲 노랫소리 귀가 맑아진다

* 맹종죽 테마파크 "숨 소슬" : 경남 거제시 하청면 북거제에 있는 테마파크

보고 싶어

10월을 보내는 마지막 날
빈 들판을 지키는 허수아비
황금 들녘 그리워서
허우적거리는 모습이
마치 내 모습 같구나

등대 아래 붉게 타는 노을
내 고향 해넘이 풍광에
그리운 모습들이 떠오르고
바닷가에 나가 앉아
생각나는 사람을 불러본다

혈관을 타고 바늘로 찌르듯
햇살같이 내 마음에 파고드는 얼굴
아! 내게도 엄마가 있었지
햇살처럼 포근한 엄마가

봉명산 고사목

다솔사 둔덕 아래
텅 빈 고사목
세 사람이 품에 안겨 하늘을 본다

천년의 세월에 살을 깎아 산하를 지키고
역겨운 세상에 속조차 비웠다

귀 무덤의 원혼 산하에 흩어지고
차마
늑골은 꺾일 수 없어
목木부처가 되었다

하늘을 찌를 듯 웃자란 고사목
우듬지 끝 휑한 구멍으로
푸른 하늘
구름 한 점 여유롭다

하지만 누가 알까
심장이 닳고 닳아
머리에서 발끝까지 텅 비운 그 속을

* 사천의 봉명산鳳鳴山 다솔사多率寺: 소설 '등신불'을 쓴 작가 김동리가 머문 곳으로 유명하다. 일제 때 만해 한용운 선생을 비롯한 많은 독립운동가들의 은신처이기도 했다.

세모歲暮의 허허로움

12월은 허허롭다
못다한 일은 태산 같은데
시간은 멈출 줄 모르고
무얼 하며 여기까지 왔을꼬

백발을 이고 앉아
회한에 젖어본다
시린 바람 문풍지에 우는 날
하현달 한 조각 가슴에 안고
외로운 영혼 찾아 마실이나 갈까

늦은 밤 토담 밑에 웅크린
슬픈 이웃 있을까
캐럴송은 비좁은 골목을 누비는데
차디찬 하늘엔 홀로 외로운 아기별
눈알조차 시리다

성탄절을 이틀 앞둔 밤
차라리 하얀 눈이라도 내려
얼어붙은 가슴에 솜이불이 되었으면

포로와 밀실

당신이 내 곁에 없어도
눈물 흘리지 않는 까닭은
내 안에 당신 있기 때문입니다

당신의 눈빛
행동 하나 목소리까지도
내 안에 가두어 둔
나는 당신의 밀실입니다

당신의 포로였던 내가
밀실 안에 당신을 가두어 놓고
탈출하지 못하고
왜 바동거리고 있는지 나도 모릅니다

눈에 보이고 잡히지 않는 당신
이 목숨 다하는 날
그때는 내가 당신을 놓아주렵니다

당신이 내 곁에 없어도
내 안에는 당신이 살아있기에
세월의 칼날 위에 삶의 고뇌를 얹어놓고
조금씩 삭이며 가렵니다

내 안에 당신

별 하나를
내 가슴에 묻은 날
나 당신 그리워하는
바람이 되고 말았습니다

나 당신을
언제부터 사랑했는지 알지 못합니다
이 한 몸 희생물로 만난 당신인데
어느 날 문득
내 가슴에 별이 된
당신이 그리워졌습니다

나 당신을 사랑하므로
살아갈 기쁨을 얻었기에
당신 사랑하며 살겠습니다

그리움에 속울음을 삼키며
당신을 불러보지만
들리지 않는 메아리로 남을 뿐

그래도
내게 힘이 되는
내 안에 당신 있으므로
행복한 그리움으로 살겠습니다

순천만의 군무

수십만 평의 갈밭 노랫소리
키가 삼척이라
낙조를 등에 짊어진 춤사위가 놀랍다
쭉쭉 뻗은 드넓은 갯벌
무리 지어 흩어지고 뭉치는 철새들

가족끼리 정담을 나누는 흑두루미
댕기머리 비비며 깃털 세우는 검은머리 갈매기
호탕한 웃음소리도 요란하다

순천만 대대포
새꼬막의 붉은 속살이
갯벌을 누비는 한낮이면
아낙들은 널빤지 타고
옆구리 그물 망태 배가 부를 때쯤
지칠 줄 모르고 갯벌을 난다
마치 철새들인 양

술친구 하나라도

웃다 울다 허허실실
때로는 정신 나간 듯 거리를 헤맸다
출항할 때 뱃머리 줄 풀어주며
배웅하던 내 친구
이별이란 예고도 없었는데
지붕 위에 임자 잃은 옷 한 벌
춤추듯 펄럭이든 환상이 보인다

아직은 잔설이 남은 삭풍에
삐죽이 내다보는 우듬지같이
가늘게 떨리는 파열하는 실핏줄
애처로운 그 눈빛
가슴 캄캄한 곳에서
터질 듯 풍선처럼 부풀어 오르는데

내 친구 삼베옷 한 벌 걸치고
북망산 가는 길에
술친구 하나쯤 데리고 갔으면 좋겠다
허술한 주막이라도 들릴 때
누가 보름달이라도 내어다 걸어 주었으면

기다림의 외출

하루해가 저무는 시간에
전화벨이 울리면 행여 당신일까

마음을 졸였는데
잘못 걸려온 전화였습니다

다시는 올 수 없는 전화인 것을
바닷가에 나가 앉아
정답게 나는 갈매기 한 쌍 보면서
당신 전화 기다렸나 봅니다

바닷가에 나가 앉은 것은
외로움 때문만은 아닙니다
당신의 더딘 걸음
기다림은 더더욱 아닙니다
그냥 석양을 바라볼 뿐입니다

4부

보름달만 같아라

광암 廣岩

오일장 가던 산모
반석盤石에 몸을 맡겨
해수탕에 몸을 풀어 아들을 낳았더니

첫 울음
터뜨린 암*이
널석石이 안고 있다

불에 구운 익은 돌도
해수탕에 율을 풀고
산새 들새 까막까치 축하 공연 요란한데

반석에
허기진 산모
산후 끝이 애닳구나

눈을 감고 떠보아도
잊지 못할 내 고향

옛 어른 두 손 모아 치성 들인 칠성 바위
그 기운
정기를 받아 크게 융성할
광암이여

*널석 바위는 암이의 출생지

타향살이

1
일평생 곧은 성품 휘어질 줄 모르다가
은빛 고개 세월 이고 무릉도원 찾았는가

타관 땅
정주지 못해
홀로 울던 내 임아

하늘처럼 땅처럼 근엄한 지아비는
그 속내 보배인 듯 가슴으로 삭히더니

꽃피고
새우는 봄에
파랑새 따라갔네

2
북망산 가는 길이 그리도 급하신가
한마디 변명도 허락도 없이 가셨나
미안타
빈말이라도
하고 가지 그랬소

<
의리란 감투 하나 가족이란 이름 하나
밑천 삼아 살았던 대쪽 같던 사람아
곳곳에
임의 흔적이
댓잎처럼 푸르더라

3
물어물어 찾아온 소중했던 사람아
서러운 타관 생활 속으로만 삭히더니
술잔에
마음 비우듯
그리 쉬이 가시었소

앉은자리 섰던 자리 벗만 두고 어디 갔나
팔도강산 임의 흔적 곳곳에 남았는데
당신이
없는 빈자리
바다처럼 깊더이다

4
대쪽처럼 곧은 성품 휘어질 기미 없고
타지에 설운 마음 소주잔에 정 붙이며
고향이
그리워 울던
나그네 향수였나

뜬구름 같은 세상 네 탓 내 탓 하지나 말지
두리뭉실 사는 대로 살다가
빈손에
삼베옷 한 벌 입고
흙으로 잠들 것을

한평생

너울에 몸을 맡겨
세월을 이고 지고
갈매기 날갯짓에 일어난 녹색 바람아

만고풍상萬古風霜이
나를 스쳐갔네

한평생 걸어온
발자취 돌아보니
한 땀 한 땀 수놓듯 아름다움도 있었네

한 세상
굽이굽이 길
인내란 축복의 씨앗인 것을

황혼

어제는 비가 되어
산천에 푸른 옷을
오늘은 별이 되어 내 가슴에 불 밝히니
내 심장이 멎는구나

가는 세월
오는 세월 뉘라서 막을 손가
천千 날 가고 일만一萬 날이 물같이 흘러갔구나
한평생
무슨 미련 남았을까
이만하면 넉넉한 것을

이승의 무거운 업業 벗어놓고
홀연히 떠나려네
가벼운 마음 하나 추슬러 짊어지고
이제는 당신 곁으로
훠이훠이

억새의 유혹

소매를 걷어 올린다
반란의 음모는 꿈틀대고
바삐 움직이는 그림자
피보다 붉은 연서 한 장
멀리서 가을이 부른다

희열의 꽃망울은 터지는데
구부정한 어깨에 목마를 타볼까
가을 산의 구애
억새의 서걱대는 가쁜 숨결
육신을 통째로 던져볼까

격렬한 몸짓 치마폭으로 덮은
아, 바스러지는
한순간의 열정
넋마저 깊은 늪으로 빠져든다

10월의 마지막 날

보름달만 같아라

불혹이란 숫자에
매달린 맏아들 장자長子야
아파트 난관에 걸터앉은 초승달
어이하여
처진 네 모습 닮아
가슴이 미어진다

형제끼리 오순도순
한 울타리 살자더니
오늘날 네 모습이 꺼져가는 등불 같아

초승달
보름달 되듯
어미는 너를 비춰주고 싶다

폐왕성

둔덕골 부는 바람
폐왕의 한숨인가
우두봉 굽이굽이 적막은 감도는데
낙도에 지는 저 해가
애달프기도 하더라

산방산 마주 앉아
시 한 수 읊고 풀어
구름에 마음 싣고 우두봉 벗어 나와
창파滄波에
낚싯대 드리우고
세월 낚는 폐왕이여

*청마의 고향 거제 둔덕에서

만선

검푸른 겨울 바다
혹한은 매서운데
삭풍에 배 띄우는 사공의 애달픈 삶

어부의
한숨 소리가
하늘에 닿는구나

봄 오는 뜬소문에
입춘은 물러가고
곰삭힌 어부 가슴 눈 속에 새잎 보듯

사공아
한탄 말아라
만선 할 날 눈앞일세

겨울 금오산

대혜폭포 얼음꽃
한줄기 굳은살은
서리 빛 함성으로 귓전을 울리는데
아찔한 현기증들이
벼랑 끝에 걸렸다

청아한 골물 소리
하늘 높이 솟았는가
목마른 물레방아 돌부처로 박히고
등산객
흥건한 땀이
칼바람도 데운다

* 대혜폭포 : 경북 구미의 금오산 도립공원에 있는 폭포

해송

울릉도 도동 뒷산
벼랑 끝에 저 해송
고독을 즐기는 듯 햇살 안고 앉았는데

그림이
푸른 하늘에
청나비 같구나

이천 년의 세월도
한순간 일장춘몽
해풍에 시달리고 눈비 맞고 지친 흔적

피골이
상접다 못해
삭정이 같구나

걸어 넘은 군사 분계선

분단의 반세기 걸어 넘은 저 장벽
200년 6 · 15 남북정상회담이 뿌린 씨앗
칠 년의 기다림 속에 새움이 돋았는가

이산가족 수만 명에 상봉한 자 몇몇이며
고향 하늘 그리다가 떠난 이는 몇몇일까
한나절 거리를 두고 반세기를 걸었구나

한반도 평화 체제 번영의 새 물결에
끼니를 거를까 조석으로 눈물짓던
노구의 심장 맥박 멎을까 두렵구나!

첫사랑

지붕 위 주렁주렁
박꽃 피던 그 시절
둥글게 속닥거린 달그림자 속 첫사랑
별들의 입맞춤조차
수줍던 박꽃이었다

별처럼 영롱했던
그 눈빛 못 잊어
설움도 찬물처럼 꼴깍 꼴 삼켰더니
열여덟 애틋한 몸살
바다보다 깊었다

떠나간 뒷모습
따라나선 그림자
그 소식 기다리다 세월의 먹이 되어
후드득 그 사람 해문*
닫은 줄도 몰랐다.

* 해문海門: 두 가지 뜻이 있다. 첫째로 '해문'은 나라와 나라 사이 해로를 이용한 교섭과 교류가 이루어질 때 마지막 기착지를 의미한다. 둘째로 '햇무리'를 뜻하는 경남지방의 방언이다.

무병장수

갈비 갈비 참솔 갈비*
갈퀴로 긁어모아
한 장 두 장 짝을 지어 마주 보며 토닥토닥
솔가지
속박아 이고
뒤뚱 삐뚤 걸음이네

갈비 갈비 곰솔 갈비
해산달이 가까운데
아들 생산 기다리며 부엌 안에 쌓아 두고
첫국밥
불 지피는 맘, 그 자식 알아줄까.

*갈비: '솔가리'의 비표준어

구절초 사랑
- 경남대학교 평생교육원을 수료증을 보면서

목말라 죽어 가던
들꽃 같은 인생아
때 아닌 비를 만나 목을 적시니
예전에 버렸던 삶을
오늘 다시 찾았구나

진눈깨비 폭우가
휘몰아칠지라도
된서리 짊어지고 봉화산 올라서서
진노랑
구절초 같은 시조 한 수 읊으리

무진정*

오백 년 빛난 얼굴
노송들의 천언만감千言萬感
무진 선생 고고함을 갈바람이 노래하고
육각루 정각 아래
세월 낚는 강태공의 낚싯대

기력이 쇠잔한
수양버들 여섯 가지
호수를 끌어안고 울어 눈물 강이 된
영송루 홍교 아래
빠진 낮달 잡는 흰 구름아

*무진정無盡亭: 조선 성종 때 진사과에 합격하여 성종 시절부터 중종 때까지 지방관(함양, 창원, 대구, 성주, 상주)을 지냈고 중앙의 사헌부 집의 겸 편수관을 역임했던 조삼趙參 선생이 후학 양성을 겨냥해 지은 정자이다.

농월가

임 생각 간절하여
턱 괴고 하늘 보니
휘영청 밝은 달에 애간장 녹는구나
정분난 고양이같이
앉은자리 가시방석 일세

달빛이 바다 위에
주안상을 벌여놓고
날 보고 수청 들라 때때로 꼬드기니
내 어찌
뱃전에 앉아 수절할 수 있으리오

세상에 하고픈 말
파도 속에 묻어 두고
앵무처럼 노래하다 꽃잎 지듯 갔노라고
묘비에
내 이름 석 자
'산매화'라 새겨주오

하회마을

높 낮은 하회탈
별신굿 있는 날
슬프도록 아름다운 숨어 우는 이야기
허도령 사랑 꽃 하나
핏빛으로 물들었네

정표로 남긴 탈
언제 다시 만날까
오리나무 이매탈* 턱이 없는 까닭
그리워
옮긴 발걸음
사랑 끊은 흔적인가?

---

* 이매탈: 그 옛날 하회마을에 허 도령이 살았는데, 어느 날 꿈에 신령이 나타나 12기의 탈을 만들어 그것을 쓰고 굿을 하면 재앙이 물러간다는 계시를 받고 온정신을 쏟아 12기째인 마지막 탈의 턱만 깎으면 될 무렵이었다. 그를 흠모하던 동네 처녀 하나가 빨리 탈을 깎게 해달라고 뒷산에 올라가 정한수 떠놓고 치성을 드렸다. 그런데 처녀는 느긋하게 기다리지 못하고 몰래 그의 작업장에 숨어들어 지켜보다가 둘 사이 눈이 마주치는 순간 갑자기 하늘에서 천둥 번개와 폭우까지 몰아치는 순간 허 도령이 피를 토하며 죽었다고 한다. 그가 죽을 무렵에 만들고 있었던 탈이 턱이 없는 '이매탈'이라고 한다.

달빛에 우는 낙화암
– 진동초등학교 42회 동창생 부여 여행지에서

백마강 엮인 세월
배암처럼 우는 밤아
백제 여인 푸른 절개 꽃잎 지듯 흩날리다
낙화암
서까래마다
베개 삼고 누웠구나

백화정 물그림자
등 굽은 소나무야
산초 같은 진한 순정 약수로 치솟고
목탁 소리가
달빛 타고 울어 운다

영정사진

하얀 국화 면사포로
웃음 짓는 소꿉친구
빈손으로 왔던 길 빈손으로 가는구나

용광로 불길에
뜨겁다는 말 대신
흐뭇한 웃음으로 배웅하는 영정사진
땅에서 못 받은 축복
영생하길 빌어주네

지난해 회갑 연회
네 모습 생생한데
진갑이란 졸업도 못하고 홀로 가는가

봄소식

꽃눈이 하품하며
겹겹이 덮은 이불
아직은 이르다고 응석만 부리다가
살점을 갈가리 찢고
자궁문이 열렸구나

청매화 만개하니
입춘이 무색하고
얼음 풀린 땅 밑 개구리 선잠 깨우나니
이른 봄
해산의 고통 온몸을 떨고 있다

■ 해설

절반의 시작을 넘어 당당하게 나아가다

마경덕 (시인)

■ 해설

절반의 시작을 넘어 당당하게 나아가다

마경덕 (시인)

　오월은 연둣빛 일색이다. 나무도 잡초도 화초도 하나의 빛으로 버무려져 한 덩어리로 보이지만 찬찬히 들여다보면 생김새가 사뭇 다르고 다양한 층위가 존재한다. 차를 타고 오가며 무심히 바라보았던 길가 화단에 미처 알지 못한 '각각의 이름'이 있었다. 대수롭지 않은 그 많은 것들이 '봄의 구성원'이라는 것을 초록을 보며 깨닫는다. 보고도 금세 잊어버리는 인간의 불완전한 기억과 달리 그들은 약속인 듯 일제히 "초록에 집중하고" 오월의 길목을 열고 있다. 시를 쓰기 위해서도 이렇듯 대상에 대한 집중이 필요하다.
　"눈이 녹은 뒤 충남 아산 현충사, 이순신 장군의 사당에 여러 번 갔었다. 거기에, 장군의 큰 칼이 걸려 있었다. 차가운 칼이었다. 혼자서 하루 종일 장군의 칼을 들여다보다가 저물어서 돌아왔다."
　소설가 김훈이 '칼의 노래' 초판 책머리에 쓴 글이다.

날이 저물도록 들여다본 것은 '칼 한 자루'였다. 그때 작가는 칼을 감싼 '서늘한 적막' 속에서 피비린내 나는 몇 백 년의 시간과 대면하고 있었다. 고요히 입을 다문 '칼 한 자루'에 얼룩진 "죽음의 공포를 헤아리며" 기어이 칼의 입을 열어 '칼의 말'을 기록해야 한다고, 차디찬 침묵을 종일 들여다보았을 것이다. 칼에 집중한 혼자만의 간절함이 없었다면 소설 '칼의 노래'는 태어나지 않았을 것이다.

늘 보면서도 미처 보지 못한 뒤편에 존재하는 대상을 찾아내려면 나뭇잎의 정교한 잎맥처럼 시인의 감각도 섬세해야 한다. 시인의 가슴에는 "참을 수 없는 것들"이 도사리고 있다. 그 참을 수 없음이 차올라 견딜 수 없을 때 시는 태어난다.

닫힌 "시의 입을 열게 하는" 시 쓰기는 백지 한 장에서 홀로 치르는 지루하고 외로운 싸움이기에 시인은 원하는 한 문장을 찾기 위해 피를 말린다.

최인훈 소설가의 1960년이란 작품에 "바다는, 크레파스보다 진한, 푸르고 육중한 비늘을 무겁게 뒤채면서, 숨을 쉰다"라는 문장이 있다. 수차례 개정판을 내면서 고치고 고친 문장이라고 한다. 그 한 문장 속에 깃든 '피와 땀'은 결코 헛되지 않을 것이다.

'청일호' 여선장이었던 김명이 시인에게 바다는 "시의 축을 이루는 중심"이다. 바람과 파도와 물길을 속속들이 파헤쳐 '피와 땀'을 바쳐야만 바다 한 자락을 얻을 수 있었으니 시인이 홀로 감당한 "고독한 시간들"은 바다 밑 어디엔가 수북이 쌓였을 것이다.

늦깎이로 만난 시 역시 운명처럼 다가왔다. 시를 쓴지 어언 20년, 『시작이 반이다』라는 시집 제목은 '피와 땀'으로 얼룩진 "초심의 결기"를 잊지 않기 위함이었다.

어린 시절 6.25 전쟁을 겪으며 가난의 굴레를 묶여 초등 3년 여름에 학업을 접어야 했기에 시에 대한 열정은 남다를 수밖에 없다. 덜 익어 부족한 민낯을 드러내는 것은 "황반변성"으로 날이 갈수록 시력이 약화 되고 기억력이 떨어지기 때문이라 한다. 늦기 전에 선택한 결정이 다소 미흡하더라도 시인에게는 최선이었고 그 간절함이 시집으로 태어났다. 과정은 생략하고 결과만을 중시하는 세상이지만 김명이 시인에게 시를 쓰는 과정은 어쩌면 결과보다 더 소중한 시간일지도 모른다.

누군가에게는 낭만의 바다요, 지친 삶을 위로하는 휴식의 바다겠지만 시인의 바다는 변화무쌍한 바다의 심중을 헤아리며 세상의 파고波高를 피해 구석구석을 훑고 헤매던 "노역의 장소"이다. 그 현장에는 "예측할 수 없는" 일들이 도사리고 있다.

새벽 3시
캄캄한 바다에
사나운 불길이 치솟았다
부둣가 수협 건물 앞
육지도 아닌 바다에서

펑, 펑, 펑,
연이은 폭발음
온 동네가 발칵 뒤집힌
기관실 기름 탱크 터지는 소리

물과 기름은 섞이지 않아
기름은 물 위에서 타고 있었다
소방차 사이렌 소리
119 구급대원들 발 빠르게 달려오고
용광로 같은 불길 속을
목숨 걸고 뛰어드는 소방대원들
위험도 불사하는 용감한 그 행동에 반해
내 손자도 대학 소방과에 지원했다

불길은 이 배에서 저 배로
불화살 되어 휙휙 날아
손쓸 겨를도 없이
삽시간에 번졌다
바다마저 집어삼킨 불바다

알아볼 수 없는 배들의 형체는 참혹했다
수억의 재산을 삼켜버린 화마
다행히 인명 피해는 없었지만
크고 작은 7척의 선주들
타버린 흉측한 배처럼
처절한 몸부림이 바닥에 뒹굴었다
―「바다는 불바다 되고」 전문

'불'을 제압하는 것은 '물'이다. 그런데 바다가 맹렬하게 타고 있다. 물보다 가벼운 기름은 해수면을 떠다니며 물리적 강제력을 행사한다. '불'에 휩싸인 바다는 위협적이

다. 달려온 119 소방대원들이 용광로 같은 불길 속으로 뛰어들고 화재는 진화되었지만 발화된 불씨는 삽시간에 번져 7척의 배가 전소全燒되었다. 바다에서 시인이 목격한 사건 현장은 처참하다. 인명 피해는 없었지만 어선을 담보로 살아가던 선주들의 "막막한 생계"가 바닥에 뒹군다.

 하루에 70만 번의 파도를 일으킨다는 바다는 흔들리면서도 견고한 뿌리를 지녔다. 군데군데 떠 있는 섬의 뿌리를 본 적이 없듯이 수많은 "각각의 방"으로 그 많은 생명을 키우는 바다를 우리는 얼마나 알고 있을까. 짠물을 마시며 살아가는 물고기의 살에서 '단맛'이 나는 것은 또 어떤 연유인지 알지 못하며 우리는 바다를 낚아 올리는 것이다.

 그동안 바다의 '겉모습'만 보고 살지 않았던가. 김훈 소설가는 '칼의 노래' 첫 문장에 "버려진 섬마다 꽃이 피었다. 꽃 피는 숲에 저녁노을이 비치어, 구름처럼 부풀어 오른 섬들은 바다에 결박된 사슬을 풀고 어두워지는 수평선 너머로 흘러가는 듯싶었다. 뭍으로 건너온 새들이 저무는 섬으로 돌아갈 때, 물 위에 깔린 노을은 수평선 쪽으로 몰려가서 소멸했다. 저녁이면 먼 섬들이 박모薄暮 속으로 불려가고, 아침에 떠오르는 해가 먼 섬부터 다시 세상에 돌려보내는 것이어서, 바다는 늘 먼 섬이 먼저 소멸하고 먼 섬이 먼저 떠올랐다."라고 묘사했다. 글로 그려낸 그림 같은 풍경이 눈앞에 펼쳐지고 문장에서 연상되는 장면에 독자는 매료된다.

바다를 생각하면 낙조에 물든 바다와 끝 간 데 없는 아득한 수평선과 그림처럼 떠 있는 섬들이 다가온다. 풍랑과 해일이 잠복한 바다는 낭만적인 것만은 아니었다. 기복起伏이 심한 바다의 지배 아래 살아가는 어부들은 암초를 피해 정해진 항로를 따라야 하고 날씨와 물때가 맞지 않으면 조업을 중단하고 그물을 걷어야 한다. 자연에 순응하며 바다가 내주는 것만큼 거둘 수 있는 것이다. 예기치 못한 사건이 벌어지는 바다는 삶이 호락호락하지 않음을 여실히 보여주고 있다.

구름 한 점 없는 상쾌한 아침

폐선 한 척이 나의 발길을 붙잡는다
가던 길 멈추고
태풍 링링에 휩쓸려
갯가까지 떠밀려 온 처참한 모습을 바라본다
어디서 예까지 밀려왔을까

부부가 같이 타던 배였을까
피붙이 같은 배를 살려보려고
애간장 태우며 발버둥쳤을 모습이
눈앞에 선하다

파도에 너덜너덜 살점이 찢기고
뼈대만 앙상한 빈 배 안에서
내외간의 정다운 웃음도
애간장 녹을 듯한 울음도

흥겨운 뱃노래까지도 환청으로 들린다

갑판 위에 팔딱거릴 고기는 밀어내고
선체 안에 전리품인 양 온갖 잡동사니 다 끌어다
가득 채워 놓은 태풍의 흔적

만선을 꿈꾸며 평화로웠던 그림 한 장만
내 눈앞에 주마등처럼 스쳐간다.
     ―「산책」전문

 하늘에 구름 한 점 없는 쾌청한 날, 사방을 둘러봐도 파도는 잔잔하고 바다는 평화롭다. 산책을 나온 시인에게 '폐선 한 척'이 눈에 띈다. 갯가로 밀려온 폐선은 만신창이다. 고요한 바다의 얼굴 뒤편에 태풍 '링링'으로 날뛰던 바다가 있었다. "파도에 부서지고 부서져/ 너덜너덜 살점이 찢기고/ 뼈대만 앙상한 빈 배 안에서/ 내외간의 정다운 웃음도/ 애간장 녹을 듯한 울음도/ 흥겨운 뱃노래까지도 환청으로 들린다"고 한다. 폐선 한 척에는 인간의 희로애락이 다 들어있다. 보지 않고도 충분히 짐작되는 상황은 어쩌면 시인이 격동의 시절을 살아낸 그것과 다를 바가 없을 것이다. 현장에서 몸소 치른 체험이 고스란히 저 폐선에 담겨있다. "부서지고, 너덜너덜 살점이 찢기고 뼈대만 앙상한"에서 알 수 있듯이 폭풍에 휘말린 흔적이 처참하다. 그러나 시인은 "만선을 꿈꾸며 평화로웠던 그림 한 장만/ 내 눈앞에 주마등처럼 스쳐간다"고 위로한다.

그것은 마치 괴로웠던 기억들이 시간이 흐르면서 "그리움으로 전환되는" 것과 비슷한 현상이다. 받아들이고 싶은 것만 선택하는 인간의 기억은 생각보다 치밀하지 못하다. 상처가 아물고 그 자리에 새살이 돋는 것처럼 일정 시간이 지나면 괴로운 기억은 지워지고 과거는 긍정적으로 치환된다. 그 반경 안에서 존재하던 '삶의 편린'도 대부분 시간의 흐름에 따라 퇴색하는 것이다.

"험난한 세상을 치열하게 살아온 발자취라는 의미로 시집을 읽어주시면 더없이 고맙겠다"는 김명이 시인, 남들의 눈에는 하찮을지 몰라도 그동안의 결실을 매만지며 정리하고 갈래짓는 과정이 보람이며 행복이라고 고백한다. 시인이 직접 몸으로 대면한 바다를 시로 쓰며 스스로 상처를 치유하고 있다. 남편을 잃고 어쩔 수 없이 택한 여선장, 40년 생계를 걸어둔 바다에서 은퇴하고 이제 그 소용돌이를 먼발치로 바라보는 여유가 곧 '산책의 시간'이다.

    스물네 살 새색시가
    물결이 높이 설레는 링 위에서
    사투를 겨룰
    사공이란 초급 벨트에 도전장을 내민다
    속이 메스꺼울 만큼 몸이 흔들리고
    밤은 깊어 삼경인데 어둠 속에
    떠밀리지 않으려 닻을 내리는
    풍덩 소리에 누군가 다가서는 듯하다

달님이 지켜주는 헛기침에
놀란 별들이 쏟아져
무서움이 왈칵
머리끝이 쭈뼛쭈뼛
망망대해 아무도 없는데
두 눈은 말똥말똥
몽둥이와 칼 하나 곁에 놓고
치마를 머리까지 뒤집어써본다

불안과 공포감이 교차하는 순간
사지가 오그라든다
밤이 새도록 엎치락뒤치락
작은 어선과 나
둘만의 첫날밤은 그렇게
단 한 번의 정사에 이르지 못한 채
드디어 동녘이 밝아온다
      —「도전장 내민 첫날밤」 전문

"철없이 함부로 덤비는 경우"를 이르는 "하룻강아지 범 무서운 줄 모른다"는 속담이 있다. 스물네 살 새색시가 감히 바다에 도전장을 내민 밤, 너울에 멀미를 하며 어둠 속에 떠밀리지 않으려 닻을 내리고 있다. 풍덩! 닻이 빠지는 소리에도 제풀에 놀라는 바다의 하룻강아지인 셈이다. 처음 어로漁撈에 나선 망망대해에서 지샌 하룻밤의 두려움에 사지가 오그라든다.

해상에서 닻을 내리고 운항을 정지하는 것이 '묘박'이다. 어쩔 수 없이 바다에 머물러야 할 때 오로지 '닻의 무게'에 의지해 정박해야 한다. 파도의 힘에 어디론가 흘러갈 수도 있으니 조마조마하다. 사실 바다보다도 더 두려운 건 어둠 속에서 만나는 '낯선 사람'일 것이다. 망망대해 아무도 없는데도 '몽둥이'와 '칼' 하나 곁에 놓고 치마를 머리까지 뒤집어썼다고 한다. 새색시가 작은 어선과 대면한 첫날밤이다.

"밤이 새도록 엎치락뒤치락/ 작은 어선과 나/ 둘만의 첫날밤은 그렇게/ 단 한 번의 정사에 이르지 못한 채/ 드디어 동녘이 밝아온다"고 한다. 이 급박한 상황에서 보여주는 뜻밖의 반전이 웃음을 짓게 만든다. 작은 어선을 신랑처럼 의지한 새색시의 '첫날밤'은 가슴만 졸이다가 끝이 났다. 이렇듯 슬픔 속에 깃든 작은 여유를 발견한 것은 그 시절을 한참 지나서이다.

김명이 시인의 시적 영토는 바다이다. 고뇌하면서 뜨겁게 껴안는 사유의 스펙트럼은 바다처럼 넓다. 노련하게 바다를 끌고 종횡무진 누비던 여선장의 이력이 운명에 내던져진 새색시의 시절을 들여다보며 바다의 "기척에도 두려워하던" '첫날밤'에 연민의 눈길을 보내고 있다.

바람에 배가 밀린다
여자는 떠밀리지 않으려고 노를 저어보지만
남편의 벽력같은 고함소리 연이어
밀대가 휙 날고
뱃전은 피 냄새를 킁킁 맡아 본다

사내의 손에 감아쥔 머리카락 그림자가
바닷속의 너풀거리는 해초와 겹쳐지는데
뱃전 구석에 처박힌
여자의 일그러진 얼굴을 바다가 출렁거려 비틀고

시끄러운 기계 소리로
여자의 앙탈은 들리지 않고
쥐어뜯긴 산발 된 머릿속에
울분만이 가득 찬 채로
미친 듯이 통발을 끌어 올린다

통발 하나 뱃전에 확 패대기치자
와르르 쏟아지는 장어들
구석진 곳을 찾아 둘둘 꼬아 감는 모습은
마치, 남녀가 음침한 곳에 뒤엉킨 그것과 흡사하다

어부의 분노를 삽시간에 다 먹어 치운 장어
여보, 빨리 잡아요 빨리
아, 저기 저 구멍으로 다 빠져가네
금방 둘은 한마음 되어
바삐 움직이는 겹쳐진 둘의 손놀림 끝에
막내의 쉬 마려운 고추처럼
힘차게 빠져나가는 장어 머리

어부들은 어제가 오늘인 듯 또 하룻밤은 그렇게 가고
　　—「어부의 밤 풍경」 전문

 바다를 움직이는 것은 '바람의 힘'이다. 여자는 고작 '노'를 저어 바람을 밀어낼 뿐, 바람보다 더 두려운 것은

'벽력같은 고함'과 여자를 향해 날아오는 '밀대'와 머리채를 감아쥐는 '사나운 주먹'이다. 폭력을 행사하는 남편에게 여자는 화풀이 대상이다. 자신의 주체적 권리를 상실한 여자는 남자에게 귀속되어 지배를 받고 있다. 여자는 분노를 삭이며 미친 듯이 통발을 끌어올린다. 적의에 찬 미움이 애먼 통발로 쏟아지고 뜻밖의 '반전'이 기다리고 있다.

"통발 하나 뱃전에 확 패대기치자/ 와르르 쏟아지는 장어들/ 구석진 곳을 찾아 둘둘 꼬아 감는 모습은/ 마치, 남녀가 음침한 곳에 뒤엉킨 그것과 흡사하다"는 것이다. 뒤엉킨 장어를 통해 시인이 보여주는 것은 부부생활로 얻어지는 '삶의 활력'이다. "남녀가 음침한 곳에 뒤엉킨" 선정적인 표현은 부부의 은밀한 관계를 암시하고 있다.

"부부싸움은 칼로 물 베기"란 말도 있다. 죽일 듯이 서로 으르렁대다가도 하룻밤 자고 나면 언제 그랬느냐는 듯 화해를 하는 것이 부부이다. 남들이 보면 하루도 못 살 것 같지만 살을 붙이고 자식 낳고 사는 비결이 있기에 가능한 일이다.

값이 나가는 장어는 어부의 분노를 삽시간에 가라앉힌다. 남편에 대한 미움도 장어가 다 날려버렸다. "대가리를 꼿꼿이 세우고" 구멍으로 빠져나가는 장어를 두 사람은 의기투합해서 잡아내고 있다.

시의 결구에서 짐작하듯이 "어제가 오늘인" 대부분 어부들은 일정한 '삶의 패턴'에 갇혀 지루한 삶을 반복하고 있음을 알 수 있다. 장어통발로 미움을 뛰어넘는 순간 기울어진 부부의 잣대가 수평을 이룬다. 언제 그랬느냐는 듯 두 사람은 다정한 관계로 돌아오고 쓸쓸한 밤의 풍경은 활기찬 밤으로 바뀌었다.

 이렇듯 예측불허인 바다의 가변적可變的인 두려움은 양면성을 드러낸다. 시인의 시선은 바다를 향해 활짝 열리고 비릿한 아픔을 긍정적인 삶의 진득함으로 우려내고 있다. 고된 '삶의 갈피'에 이렇듯 한 장의 위로 같은 "기쁨이 꽂혀있는" 것이다.

  창틀을 흔드는 기척 누굴까
  배시시 열린 창밖을 보니
  강풍을 동반한 눈이
  미친 듯이 내린다

  저들도 추위에 온돌방이 그리운지
  비좁은 틈새로 밀고 들어온다
  세상을 온통 하얗게 깡그리 덮어놓고
  바다만 왜, 파란 눈이 내릴까

  내리고 내려도
  내리는 눈은 파랬다
  푸른 눈이 제아무리 내려도
  흔적 없이 다 먹어 치우는 바다

  산간지방 영하 30도를 넘는 혹한의 4월
  바다에 푸른 눈은 계속 내리고
    ―「푸른 눈은 내리고」 전문

무너져내리는 눈사태도 "덮치지 못하는" 곳이 있다. 허공을 가득히 채운 눈은 흰 꽃잎처럼 나풀거린다. 내리고 내려도 "채우지 못할" 공간으로 가득히 쏟아지는 눈은 파란빛이다. 짙푸른 바다에 닿는 순간 녹아버리는 눈, 몸을 비비며, 몸을 겹쳐도 쌓이지 못하는 눈은 물빛처럼 푸르다. 선상에서 바라본 눈 내리는 겨울바다는 참으로 하염없을 것이다. 한 장의 꽃잎처럼 가볍게 사라지고 사라지는 것들이 "쓸쓸한 각도"로 기울 때 개별적인 눈의 조각들을 파란 덩어리로 감각된다.

왜 굳이 바다에 내려 침몰하는 것일까. '가벼운 존재들'이 쌓이고 쌓여 눈덩이가 되고 눈사태를 유발하지만, 영하 30도를 넘는 혹한의 4월, 눈사태로 길이 끊어진 날에도 바다엔 눈이 쌓이지 않는다. 해수면에 닿는 순간, 무無로 돌아간다. 그 어떤 것도 다 받아 삼키는 겨울바다는 '거대한 존재'로 다가온다. 그 누구도 딛지 못할 '큰 허방'이 저 바닷속에 있다.

"눈이 파랗다"는 것을 알 수 있는 사람은 몇이나 될까. 바다에 나가 몸소 체험해보지 않고서는 알 수 없는 일이어서 파란 눈은 참 '쓸쓸한' 눈이다. "푸른 눈이 제아무리 내려도/ 흔적 없이 다 먹어 치우는 바다"이기에 깊이를 알 수 없는 바다에 대한 "경외감과 두려움"이 '파란 눈'으로 변용되고 있다.

나른한 오후

축 처진 마음이 마실을 가다가
한곳에 우뚝 선 채
어!
동그랗게 눈을 떴다

늘 푸른 바탕에
백 갈매기 호위병 삼아
붉은 도미가 하늘을 날다
무엇이 저리도 기쁠까
삐뚤어진 저 입

동그란 눈에 크게 벌린 입
소리치고 웃는다
나도 웃는다
아! 예쁘다

보면 볼수록 귀여운
도미야
깜찍한 네 유혹에 나도 윙크를 보낸다
— 「벽화」 전문

  수협 벽면에 그려진 벽화를 보며 스쳐 간 짧은 생각이 모처럼 즐겁다. 푸른 바탕에 흰 갈매기를 호위병 삼아 '붉은 도미'가 벽을 붙잡고 날고 있다. 시인은 삐뚤어진 입으로 웃고 있는 도미에게 "웃을 일 없는 세상에 무엇이 그리 기쁘냐"고 묻는다. 가만히 살펴보니 동그란 눈에 크게 벌린 입이 소리치고 웃는다. 따라서 웃다보니 비뚤어진 입도 참 예쁘다. 자연스럽게 일상에 녹아있는 바다에서 마주한 것들이 뭍에 오르니 다르게 보인다. 늘

어획물은 소득으로 계산되고 그동안 '도미의 얼굴'을 자세히 들여다볼 겨를이 없었을 것이다. 입이 비뚤어진 도미 한 마리가 시인에게 건네준 웃음은 모처럼 느껴본 '마음의 여유'이다. 예전에는 느끼지 못했던 소박한 것들이 삶의 행복인 것을 깨닫고 시인은 가벼운 윙크를 보낸다. 아무것도 아닌, 사소한 행위지만 작은 것에 감사하는 변화된 시인의 심경心境을 읽을 수 있다.「기분 좋은 날」에서도 이와 유사한 맥락으로 이어진다.

아침 산책길
우연히 눈길이 마주친 별 하나

구월 그믐 아침
제 몸이 실낱같아
솔가지에 감긴 눈썹달
푸르게 젖은 눈빛이 애처로워
가지 째 꺾어서 주머니에 담았다

- 중략 -

무심코 주머니에 손을 넣었다
꼼지락거리는 눈썹달
손안에 꿈틀

가슴에 파도가 일렁인다

시인이 주머니에 넣은 것은 솔가지에 감긴 실낱같은 눈썹달이다. "눈빛이 애처로워" 가지째 꺾어 주머니에 담

앉다가 무심코 주머니에 손을 넣으니 손끝에 닿는 '달'이 꿈틀거린다. 순간 '파도'가 일렁인다. 결국 시인의 '심미적 공간'에는 떠나온 바다가 출렁거리고 있었다. 모서리가 다 닳아버린 기억들이 아직도 건재하다. 바다를 만나면 기분이 좋아지고 실낱만큼 남았다고 믿어온 그리움은 아직 진행형이다. 시인의 '지향점'은 여전히 떠나온 바다를 향해 있는 것이다. 이 지독한 '바다앓이'를 치료하는 것은 '시 쓰기'이다. 그 시 속으로 바다를 데려와 갯내와 함께 한껏 너울거리는 것이다.

  시집 『시작이 반이다』의 내부충동을 일으키는 '모티프'는 바다이다. 시인은 바다뿐만이 아니라 그 안에 존재하는 여러 관계에도 주목하며 주변을 관찰한다. 바다와 시는 서로를 보완하고 순환하는 구조 안에 존재한다.

  김명이 시인은 생생한 바다의 체험을 '스토리텔링' 방식으로 전하고 있다. 시인이 구성한 '내러티브'는 가파른 '삶의 갈피 갈피에 야박한 현실을 이겨낼 수 있는 '온기 한 줌'을 끼워 넣어 '불완전한 자아'를 위무한다는 것이다. '희망'이라는 '긍정의 힘'이 불행을 치유하며 각박한 세상과의 거리를 좁혀나간다. 어떤 상황에서도 "여유를 잃지 않는" 것은 질곡의 세월, 느닷없는 이별을 버텨내기 위해 시인이 스스로 터득한 '결과물'일 것이다.

  시집 『시작이 반이다』는 '절반의 시작'을 넘어 앞으로 당당하게 나아가는 자신에게 보내는 용기이며 위로이다.

창연시선 013
시작이 반이다

2021년 7월 31일 초판 1쇄 발행

지 은 이 | 김명이
편　　집 | 이소정
펴 낸 이 | 임창연
펴 낸 곳 | 창연출판사
주　　소 | 경남 창원시 의창구 읍성로 39
출판등록 | 2013년 11월 26일 제2013-000029호
전　　화 | (055) 296-2030
팩　　스 | (055) 246-2030
E - mail | 7calltaxi@hanmail.net

값 10,000원
ISBN 979-11-86871-01-7   03810

ⓒ 김명이, 2021

* 이 책의 판권은 저자와 창연출판사에 있습니다.
* 양측의 서면 동의 없이 무단 전재나 복제를 금합니다.
* 잘못된 책은 교환해 드립니다.